Le présent Livret appartient

au Citoyen..

Prénoms..

ÉTAT-CIVIL

Né le ....

à ....

Canton de ....

Département d ....

Résidant à ....

Rue .... N° ....

ENTRÉ DANS LE PARTI OUVRIER

comme Titulaire le ....

Le Secrétaire Gal   Le Trésorier Gal

NUMÉRO
au registre matricule
des Titulaires

Canton ....

57

10928

SOMMAIRE

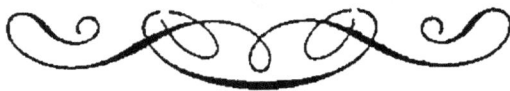

ASSOCIATION

DES

TRAVAILLEURS RÉPUBLICAINS SOCIALISTES

AGGLOMÉRATION BORDELAISE

DU

PARTI OUVRIER

—+×+—

STATUTS

—≒+≡—

TITRE PREMIER

Constitution et But

ARTICLE PREMIER. — Il est créé à Bordeaux sous le titre d'*Association des Travailleurs républicains socialistes* (Agglomération bordelaise du Parti Ouvrier) une Association destinée à relier entre eux, en vue d'une action commune, tous les socialistes résolus à marcher compacts et disciplinés, sous la bannière du **Parti Ouvrier.**

ART. 2. — L'Association est adhérente au

Parti Ouvrier dont elle accepte le Programme et les Statuts. Elle se réclame des Congrès ouvriers, nationaux et internationaux. Elle se tient en rapports avec le Conseil National du Parti.

Art. 3. — L'Association se propose :

1o De propager par tous les moyens en son pouvoir : réunions, conférences, cours, publications, brochures, journaux, etc., les doctrines du socialisme scientifique ayant pour base le fait historique de la **lutte des classes** et pour aboutissant logique : **la socialisation des moyens de production par le prolétariat organisé en Parti de classe, ayant conquis les Pouvoirs Publics;**

2o De recruter des adhérents au Parti Ouvrier et de former de nouveaux militants et propagandistes ;

3o De participer aux Congrès départementaux, régionaux, nationaux et internationaux du Parti Ouvrier, et d'assurer, dans la limite de sa sphère d'action, l'exécution de leurs décisions ;

4o De prendre part aux luttes politiques et particulièrement aux luttes électorales, afin d'envoyer siéger dans les assemblées électives des membres du Parti;

. 5o De seconder de tout son pouvoir le groupement syndical et l'action des corporations ouvrières;

6o D'assurer de plus en plus complètement l'inscription de tous les citoyens sur les listes électorales, principalement de tous les travailleurs;

7o De participer à toutes les manifestations et agitations utiles à l'œuvre du Parti Ouvrier.

TITRE II

Organisation générale

ART. 4. — L'ensemble des membres de l'Association forme le Comité central, lequel est souverain sur toutes les questions d'ordre général intéressant l'Association ou le Parti.

ART. 5. — Pour l'administration et la bonne marche de l'Association, le Comité central nomme trois Commissions de trois membres chacune:

1o *La Commission du Secrétariat* qui choisit dans son sein un Secrétaire Général;

2º *La Commission des Finances* qui choisit dans son sein un Trésorier Général;

· 3º *La Commission de Contrôle* qui a pour mission de veiller à la stricte observation des Statuts, programme et principes de l'Association et du Parti et de faire appel le cas échéant à l'arbitrage du Comité central ou du Conseil National.

ART. 6. — La Commission du Secrétariat a dans ses attributions les Archives, et la Commission des Finances la Bibliothèque. — Chacune de ces Commissions doit fournir trimestriellement un rapport de ses travaux au Comité central.

ART. 7. — Pour faciliter les études théoriques de ses membres, et, le cas échéant, l'action électorale du Parti, le Comité central se subdivise en Comités cantonaux qui, en temps normal, s'intitulent *Comités d'études* et en temps d'élections, *Comités électoraux*. Ces Comités formés par les soins de la Commission du Secrétariat sont composés des membres domiciliés dans un même canton.

· ART. 8. — *Les Comités cantonaux* ne peuvent avoir aucune initiative d'ordre général, en dehors du Comité central, á la direction effective duquel ils sont tenus de se rapporter.

Art. 9. — Les Comités cantonaux sont gérés par une délégation nommée par le Comité central et prise autant que possible parmi les membres domiciliés dans le canton. Cette délégation comprend un président, un secrétaire et un collecteur.

Art. 10. — Les membres des trois commissions (secrétariat, finances, contrôle) et les fonctionnaires des Comités d'études, forment ensemble le *Comité exécutif*.

Art. 11. — *Le Comité exécutif* a pour mission :

1· De faire exécuter les décisions du Comité central et de prendre toutes mesures à cet effet ;

2· D'aviser à toute décision urgente dans l'intervalle des réunions du Comité central ;

3· De préparer l'ordre du jour des séances du Comité central ;

4º De convoquer extraordinairement, s'il y a lieu, le Comité central.

Art. 12. — Le Comité central se réuni

ordinairement le deuxième dimanche de chaque mois et extraordinairement toutes les fois qu'il y a utilité. Ces réunions sont obligatoires pour tous les membres sous peine d'une amende de 10 centimes, sauf excuse valable. Le produit de ces amendes est affecté à la bibliothèque.

ART. 13. — Le Comité exécutif se réunit obligatoirement au moins une fois par mois.

TITRE III

Admissions. — Exclusions

ART. 14. — Pour être membre de l'Association, il faut remplir les conditions suivantes :

1o Avoir fait adhésion, sans réserves, selon une *formule* à signer disposée à cet effet, aux statuts, programme et principes de l'Association et du *Parti Ouvrier*;

2o Acquitter une cotisation mensuelle de cinquante centimes ;

3o Etre muni de la carte du Parti Ouvrier et d'un Livret de membre de l'Association.

ART. 15. — Il peut être admis à titre provisoire des *adhérents stagiaires* qui ne pourront être nommés *membres titulaires* qu'après un stage de trois mois.

Les stagiaires n'ont aucun droit de vote ni de discussion et ils ne peuvent remplir aucune fonction.

ART. 16. — Tous les membres sont inscrits sur un *Registre spécial* avec un numéro matricule correspondant à celui du *Livret*. Ils sont classés par canton.

ART. 17. — Les cotisations sont perçues par les soins de la Commission des Finances et des collecteurs cantonaux et centralisées entre les mains du Trésorier Général.

Pour les besoins de leur fonctionnement, les Comités cantonaux peuvent demander des subventions mensuelles au Comité exécutif qui statue d'accord avec la Commission des Finances.

ART. 18. — Tout membre en retard de deux mois de cotisations reçoit un premier avis, et au troisième mois, un dernier avis, huit jours après lequel il est rayé purement et simplement s'il n'a régularisé sa situation.

ART. 19. — L'exclusion d'un membre ne peut avoir lieu que dans la forme suivante :

La demande de radiation sera faite par écrit, signée et motivée par cinq membres au moins, et adressée à la Commission de contrôle qui en saisira le Comité central dans sa plus prochaine séance. Ce dernier nommera aussitôt une Commission spéciale pour procéder à une enquête contradictoire et il s'ajournera à une date ultérieure pour prendre une décision, au bulletin secret, après avoir entendu le rapport de sa Commission d'enquête et la défense du membre incriminé, contre lequel il sera donné défaut s'il ne se présente pas après convocation par lettre chargée.

TITRE IV

Œuvre électorale

ART. 20. — Pour chaque campagne électorale, le Comité central, après entente avec les organisations locales adhérentes à la Fédération girondine du Parti Ouvrier, prend en toute souveraineté de tactique, toutes dispositions inspirées par les circonstances. Quelles que soient ces dispositions, tous les membres de l'Association ont l'obligation de s'y soumettre sans réserves.

ART. 21. — Nul ne peut être patronné officiellement par l'Association s'il n'en fait partie en qualité de membre titulaire, et s'il n'a, en outre, signé l'engagement, d'après une formule disposée à cet effet, d'être fidèle au programme et aux principes du Parti Ouvrier et aux décisions de ses Congrès.

ART. 22. — A défaut de candidats pris dans son sein, l'Association doit accorder son patronnage aux candidats choisis par la Fédération girondine du Parti Ouvrier.

Toutefois, si la Fédération elle-même se désintéresse de la lutte, l'Association peut, après décision du Comité central, prêter son appui moral et matériel à tout candidat se réclamant du titre et du programme du Parti Ouvrier.

TITRE V
Journal du Parti

ART, 23. — L'Association a un organe officiel : *La Question Sociale,* auquel tous les membres ont le devoir de s'abonner.

ART. 24. — La rédaction et l'administration sont confiées, avec pleins pouvoirs, à une Commission élue par le Comité central pour un temps indéterminé. Cette Commission choisit, dans son sein, un secrétaire de rédaction et un administrateur qui relèvent d'elle et qui ne peuvent agir en opposition à ses décisions.

TITRE VI

Dispositions diverses

ART. 25. — Les ressources pécuniaires de l'Association sont exclusivement consacrées aux buts mentionnés à l'art. 3.

ART. 26. — En dehors des membres de la commission du journal, tous les fonctionnaires de l'Association sont nommés pour la durée d'un an par le Comité central, qui a toujours le droit de les révoquer. Ils sont rééligibles.

ART. 27. — La volonté individuelle des membres de l'Association doit s'incliner devant les décisions de la majorité. Dès qu'un membre aura cherché à exercer une pression en donnant ou menaçant de donner sa démission, celle-ci devra être acceptée d'office, sans discussion aucune.

ART. 28. — La participation éventuelle des membres de l'Association à des Groupes ou Sociétés particulières, dans un but d'agitation spéciale, ne saurait les dispenser de rester fidèles aux prescriptions des présents Statuts consentis en réunion générale, le 26 novembre 1892 et approuvés le 7 décembre 1892 par le Conseil National du Parti Ouvrier.

Pour approbation des présents Statuts :

Les Secrétaires du Conseil National,

Jules GUESDE, Paul LAFARGUE

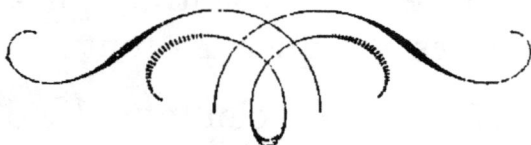

ASSOCIATION

DES

TRAVAILLEURS RÉPUBLICAINS SOCIALISTES

(Agglomération Bordelaise du Parti Ouvrier)

Formule d'Adhésion de Membre Titulaire

Je soussigné. après m'être initié aux théories socialistes, au programme et aux principes du Parti Ouvrier, ainsi qu'aux statuts et à l'organisation de l'*Association des Travailleurs républicians socialistes* de Bordeaux ;

1· Je déclare, en toute connaissance de cause, y faire adhésion absolue et sans réserve, m'engageant sur l'honneur à y rester fidèle et à leur consacrer, avec désintéressement, tout mon dévouement et mon activité.

2· D'autre part, comprenant que la marche compacte et uniforme, sous une organisation disciplinaire, est la plus sûre méthode pour donner la plus grande puissance au mouvement socialiste et avancer l'heure de son triomphe ; que l'importance d'un tel résultat général doit faire accepter avec abnégation les inconvénients particuliers pouvant résulter de cette méthode, je m'interdis d'avance de jamais soulever aucun conflit au sein de l'Association, sous le prétexte que sa discipline statutaire gêne ma liberté indfviduelle.

3º Bien convaincu que les discordes entre socialistes sont la plus grande plaie dont puisse souffrir la cause du Prolétariat, je promets d'apporter dans mes relations avec tous les membres du Parti, le plus large esprit de bienveillance et de tolérance, de bonne camaraderie et de solidarité, ce qui fait la force de ceux qui combattent pour une telle cause dans les mêmes rangs.

4° Je m'engage à toujours acquitter ponctuellement mes cotisations.

En foi de quoi j'ai signé le présent comme gage de ma sincère et loyale adhésion au Parti Ouvrier.

Bordeaux, le *189*

Nom ....
Prénom ....
Né le .... à ....
Canton .... Dép ....
Profesion ....
Domicile ....

N° Matricule

ASSOCIATION

DES

TRAVAILLEURS RÉPUBLICAINS SOCIALISTES

(Agglomération Bordelaise du Parti Ouvrier)

Formule d'Adhésion de Stagiaire

Je soussigné, désireux de m'initier aux théories socialistes, aux programmes, statuts et principes du Parti Ouvrier, demande à être admis à faire un stage de trois mois dans l'*Association des Travailleurs républicains socialistes de Bordeaux*, stage pendant lequel je reconnais que je n'aurai aucun droit de prendre part aux délibérations ni d'occuper aucune fonction dans l'Association.

Il est entendu que si, pendant ce stage, il ne me convenait pas de demeurer dans l'Association, je serais toujours libre de m'en retirer purement et simplement, en n'encourant que l'abandon intégral de toutes sommes que j'aurais pu verser pour cotisations, souscriptions, etc.

Bordeaux, le *189*

Nom	
Prénom	
Profession	
Né le .... *à*	
Canton .... *Dépt*	
Domicile	

Nº de la liste des stagiaires ▅▅▅▅▅

ASSOCIATION

DES

TRAVAILLEURS RÉPUBLICAINS SOCIALISTES

(Agglomération Bordelaise du Parti Ouvrier)

Formule pour les Candidats

Je, soussigné, choisi comme candidat de l'Association des *Travailleurs républicains socialistes* de Bordeaux, m'engage sur l'honneur :

1º A respecter fidèlement toutes résolutions du Comité central prises en vue de cette campagne électorale, sans y apporter aucune entrave ou atténuations pour cause de considérations personnelles ;

2º A ne jamais déroger, soit comme candidat dans les réunions, soit dans l'accomplissement de mon mandat comme élu, aux principes ni au programme du Parti Ouvrier ;

3º A soutenir toujours avec activité, énergie et dévouement la cause des travailleurs dans toutes les circonstances où elle serait en jeu.

En foi de quoi, j'ai signé le présent pour être invoqué contre moi si je venais à y faillir.

Bordeaux, le *189*

Nº Matricule

FÉDÉRATION GIRONDINE

DU

PARTI OUVRIER

————✕————

STATUTS

————◆————

TITRE PREMIER

Dénomination et but de la Fédération

ARTICLE PREMIER. — Le titre de la Fédération est : **Fédération Girondine du Parti Ouvrier.**

ART. 2. — La Fédération a pour but de solidariser entre elles les diverses fractions du Parti Ouvrier du département de la Gironde et de contribuer, dans la plus large mesure, à l'extension du mouvement socialiste.

TITRE II

Composition de la Fédération

ART. 3. — La Fédération se compose de Syndicats, Associations, Groupes, Comités d'études en rapports constants avec un Conseil fédéral au moyen de secrétaires désignés à cet effet et dont les nominations devront être immédiatement transmises à ce Conseil fédéral.

La Fédération reçoit, en outre, les adhésions individuelles de citoyens domiciliés dans les localités où il n'existe pas encore d'organisation socialiste.

TITRE III

Administration de la Fédération

ART. 4. — La Fédération est administrée par un Conseil fédéral composé de sept membres, élu pour un an par un Congrès départemental annuel et placé sous le contrôle des groupes existant dans la localité où il siège et dans les communes limitrophes.

ART. 5. — Le Conseil nomme dans son sein un secrétaire de correspondance.

ART. 6. — Les dépenses du Conseil sont couvertes par une cotisation fixe de **un franc** par mois, obligatoire pour chaque collectivité ou individualité fédérée.

TITRE IV

Direction de la Fédération

ART. 7. — La direction de la Fédération appartient exclusivement à la Fédération réunie en Congrès annuel.

ART. 8. — Les décisions des Congrès nationaux du **Parti Ouvrier** font loi pour la Fédération, et tout Membre ou Groupe qui refuserait de s'y conformer se mettrait lui-même en dehors de la Fédération.

TITRE V

Congrès de la Fédération et réunions plénières locales

ART. 9. — Il sera tenu chaque année un Congrès de la Fédération. L'organisation de ce Congrès sera confiée aux Groupes de la localité où il siègera.

ART. 10. — Le Congrès devra être convoqué au moins un mois avant la réunion du Congrès national du Parti Ouvrier. Chaque Congrès désignera la localité où se tiendra le Congrès suivant.

ART. 11. — Le Conseil devra se faire représenter au Congrès départemental par une délégation qui rendra compte de la gestion du Conseil et fournira un rapport détaillé sur l'état du Parti Ouvrier dans le département.

ART. 12. — En cas d'urgence absolue, le Conseil peut convoquer extraordinairement la Fédération en Congrès au chef-lieu du département.

ART. 13. — Toutes les fois que le Parti Ouvrier aura à exercer une action publique locale, les organisations fédérées d'une même localité ou d'une même circonscription électorale, suivant le cas, devront se réunir en séance plénière à raison de trois délégués par vingt membres. Les décisions prises en conformité avec le programme et la tactique du Parti Ouvrier devront être scrupuleusement respectées par les participants.

Les réunions plénières locales sont convoquées par le Secrétaire du Conseil Fédéral, sur l'ordre du Conseil, à la demande de l'un des groupements intéressés.

TITRE VI

Dispositions complémentaires

Art. 14. — La Fédération a un organe central « *La Question Sociale* » auquel tous les membres ont le devoir de s'abonner.

Art. 15. — Tout différend survenant entre des groupes de la Fédération sera déféré à un Conseil arbitral nommé en nombre égal par chacune des deux parties.

La partie qui se croirait lésée par la décision du Conseil arbitral pourra en appeler au Conseil national du **Parti Ouvrier** qui prononcera en dernier ressort.

Art. 16. — Toute collectivité ou tout citoyen fédéré s'interdit de porter ses querelles en dehors du parti par voie de presse, de réunion publique ou tout autre moyen.

Art. 17. — Tout Syndicat, Association,

Groupe ou Comité d'études fédéré, est tenu d'adhérer au Parti Ouvrier de France dont le siége est à Paris et de remplir toutes les obligations que cette adhésion comporte.

ART. 18. — Tout citoyen appartenant à la Fédération doit être muni :

1· D'une carte du Parti Ouvrier, renouvelable chaque année, et qui portera le timbre du Conseil national et de l'organisation à laquelle l'adhérent appartient;

2· Du programme et du règlement général du Parti;

3· Des présents Statuts.

RÈGLEMENT GÉNÉRAL

DU

PARTI OUVRIER

————— ✦✕✦ —————

TITRE PREMIER

Dénomination du Parti

ARTICLE PREMIER. — Le titre du Parti est : Parti Ouvrier, — qui dit Parti Ouvrier disant constitution des travailleurs en parti de classe pour l'expropriation politique et économique de la classe capitaliste et la socialisation des moyens de production.

TIRE II

Composition du Parti

ARTICLE PREMIER. — Le Parti comprend tous ceux et toutes celles qui, ayant adhéré à son programme, se conformeront au présent règlement.

ART. 2. — Il se compose de groupes et de fédérations — locales, départementales ou régionales — en rapports constants avec le Conseil national au moyen de secrétaires nommés à cet effet et dont la nomination devra être immédiatement transmise au Conseil.

TITRE III

Administration du Parti

ARTICLE PREMIER. — Le Parti est administré par un Conseil national élu par le Congrès national annuel et placé sous le contrôle des Groupes existant dans la ville où il siège.

Il est composé de sept membres.

ART. 2. — Le Conseil national nomme dans son propre sein un secrétaire pour l'intérieur et un secrétaire pour l'extérieur — ces deux fonctions devant autant que possible être rétribuées.

ART. 3. — Les dépenses du Conseil national sont couvertes :

(a) Par une contribution collective d'au moins 1 fr. par mois, par Groupe ou Syndicat adhérent.

(*b*) Par un droit de 5 0[0 sur le ~roduit net de toute réunion, conférence, fête, etc., organisée par les groupes du Parti.

(*c*) Par une carte d'adhérent, du prix de dix centimes, que chaque membre du Parti est tenu de se procurer chaque année.

ART. 4.— Le Conseil national a le droit d'organiser, pour les besoins de sa gestion, des réunions et des souscriptions.

ART. 5. — Le Conseil national veille à l'exécution des décisions des Congrès nationaux.

Il prend toutes les mesures que peuvent commander les circonstances et dont il est responsable devant le prochain Congrès.

TITRE IV

Direction du Parti

ARTICLE PREMIER. — La direction du Parti appartient exclusivement au Parti lui-même réuni en Congrès national annuel.

ART. 2. — Les décisions des Congrès nationaux font loi et tout Membre ou Groupe qui refuserait de s'y conformer se mettrait lui-même hors du Parti.

TITRE V

Congrès du Parti

ARTICLE PREMIER. — Il sera tenu chaque année un Congrès national du Parti.

L'organisation de ce Congrès est confiée aux groupes de la ville où il se réunira.

ART. 2. — Ce Congrès doit être convoqué trois mois à l'avance par le Conseil national. Chaque Congrès détermine la ville où se tiendra le Congrès suivant.

ART. 3. — Le Conseil national devra se faire représenter au Congrès par une délégation d'un ou de plusieurs membres. La délégation aura à rendre compte de la gestion du Conseil et à présenter un rapport détaillé sur l'état du Parti.

Elle prendra part à la discussion, mais non au vote.

TITRE VI

Dispositions complémentaires

ARTICLE PREMIER. — Le Parti a un organe central, *le Socialiste*, publié par les soins et sous la responsabilité du Conseil national et auquel tous les membres du Parti sont invités à s'abonner.

Art. 2. — Tout différend survenant entre des groupes ou des membres du Parti devra être déféré à un conseil arbitral nommé en nombre égal par chacune des parties.

La partie qui se croirait lésée pourra en appeler soit au Conseil national, soit au prochain Congrès national qui prononceront en dernier ressort.

Tout groupe ou membre s'interdit de porter sa querelle en dehors du Parti par voie de presse, de réunion publique ou tout autre moyen.

Art. 3. — Les cartes d'adhérents porteront le timbre du Conseil national, ainsi que le timbre de la fédération ou du groupe auquel appartient l'adhérent.

Art. 4. — En dehors de cette carte, chaque membre du Parti devra être muni du Programme et du Règlement général qui seront tenus à la disposition des fédérations et des groupes par le Conseil national, au prix de dix centimes.

PROGRAMME GÉNÉRAL

DU

PARTI OUVRIER

———— ❧❧ ————

(Elaboré en conformité des décisions du Congrès
national tenu à Marseille du 20 au 31 octobre
1879, confirmé par le Congrès national tenu au
Hâvre du 16 au 22 novembre 1880, maintenu en
vigueur par le Congrès national tenu à Reims
du 30 octobre au 6 novembre 1881. complété
par le Congrès national de Roanne du 26 sep-
tembre au 1er octobre 1882, et sanctionné par
le Congrès national tenu à Roubaix, du 29 mars
au 7 avril 1884).

————————

Considérant,

Que l'émancipation de la classe productive
est celle de tous les êtres humains sans dis-
tinction de sexe ni de race ;

Que les producteurs ne sauraient être libres
qu'autant qu'ils seront en possession des
moyens de production (terres, usines, navires,
banques, crédit, etc.);

Qu'il n'y a que deux formes sous lesquelles les moyens de production peuvent leur appartenir:

1· La forme individuelle, qui n'a jamais existé à l'état de fait général et qui est éliminée de plus en plus par le progrès industriel ;

2· La forme collective, dont les éléments matériels et intellectuels sont constitués par le développement même de la société capitaliste;

Considérant,

Que cette appropriation collective ne peut sortir que de l'action révolutionnaire de la classe productive — ou prolétaire — organisée en parti politique distinct ;

Qu'une pareille organisation doit être poursuivie par tous les moyens dont dispose le prolétariat, y compris le suffrage universel transformé ainsi d'instrument de duperie qu'il a été jusqu'ici en instrument d'émancipation.

Les travailleurs socialistes français, en donnant pour but à leurs efforts l'expropriation politique et économique de la classe capitaliste et le retour à la collectivité de tous les moyens de production, ont décidé, comme moyen d'organisation et de lutte, d'entrer dans les élections avec les revendications immédiates suivantes :

A. — Partie politique

1· Abolition de toutes les lois sur la presse, les réunions et les associations et surtout de la loi contre l'Association internationale des Travailleurs. — Suppression du livret, cette mise en carte de la classe ouvrière, et de tous les articles du Code établissant l'infériorité de l'ouvrier vis-à-vis du patron et l'infériorité de la femme vis-à-vis de l'homme ;

2· Suppression du budget des cultes et retour à la nation « des biens dits de mainmorte, meubles et immeubles, appartenant aux corporations religieuses » (décret de la Commune du 2 avril 1871), y compris toutes les annexes industrielles et commerciales de ces corporations ;

3· Suppression de la Dette publique ;

4· Abolition des armées permanentes et armement général du peuple ;

5· La Commune maîtresse de son administration et de sa police.

B. — Partie économique

1· Repos d'un jour par semaine ou interdiction légale pour les employeurs de faire travailler plus de six jours sur sept. — Réduction légale de la journée de travail à huit heures pour les adultes. — Interdiction du travail des enfants dans les ateliers, au-dessous de quatorze ans ; et, de quatorze à dix-huit ans, réduction de la journée de travail à six heures ;

2· Surveillance protectrice des apprentis par les corporations ouvrières ;

3· Minimum légal des salaires déterminé chaque année, d'après le prix local des denrées, par une commission de statistique ouvrière ;

4· Interdiction légale aux patrons d'employer les ouvriers étrangers à un salaire inférieur à celui des ouvriers français ;

5· Egalité de salaires, à travail égal, pour les travailleurs des deux sexes ;

6· Instruction scientifique professionnelle

de tous les enfants mis pour leur entretien à la charge de la société représentée par l'Etat et par la commune :

7· Mise à la charge de la société des vieillards et des invalides du travail ;

8· Suppression de toute immixtion des employeurs dans l'administration des caisses ouvrières de secours mutuels, de prévoyance, etc., restituées à la gestion exclusive des ouvriers ;

9· Responsabilité des patrons en matière d'accidents, garantie par un cautionnement versé par l'employeur dans les caisses ouvrières, et proportionné au nombre des ouvriers employés et aux dangers que présente l'industrie ;

10· Intervention des ouvriers dans les règlement spéciaux des divers ateliers, suppression du droit usurpé par les patrons de frapper d'une pénalité quelconque leurs ouvriers sous forme d'amendes ou de retenues sur les salaires (décret de la Commune du 27 avril 1871) ;

11· Annulation de tous les contrats ayant aliéné la propriété publique (banques, chemins de fer, mines, etc.), et l'exploitation de tous les ateliers de l'Etat confiée aux ouvriers qui y travaillent ;

12· Abolition de tous les impôts indirects et transformation de tous les impots directs en un impôt progressif sur les revenus dépassant 3,000 francs. — Suppression de l'héritage en ligne collatérale et de tout héritage en ligne directe dépassant 20,000 francs.

PROGRAMME MUNICIPAL

(Elaboré par le 9ᵉ Congrès national du Parti, tenu à Lyon du 26 au 28 novembre 1891, à l'unanimité des 298 groupes et syndicats représentés).

ARTICLE PREMIER. — Institution des cantines scolaires où les enfants trouveront à prix réduit ou gratuitement un repas de viande entre la classe du matin et la classe du soir ; et, deux fois par an, à l'entrée de l'hiver et de l'été, distribution de chaussures et de vêtements.

ART. 2. — Introduction, dans le cahier des charges pour les travaux de la ville, de clauses réduisant à huit heures la journée de travail, garantissant un minimum de salaire déterminé par le Conseil d'accord avec les corporations et interdisant le marchandage aboli par un décret-loi de 1848.— Organisation d'un service d'inspection chargé de veiller à l'exécution des clauses.

ART. 3. — Bourse du travail confiée à l'administration des syndicats ouvriers et groupes corporatifs.

ART. 4. — Suppression de taxes d'octroi sur les denrées alimentaires.

ART. 5. — Exemption pour les petits loyers de toute cote mobilière et personnelle, reportée sur les loyers d'un taux supérieur progressivement imposés. — Assainissement et réparations aux frais des propriétaires des logement reconnus insalubres. — Imposition des terrains non bâtis proportionnellement à leur valeur vénale et des locaux non-loués proportionnellement à leur valeur locative.

ART. 6. — Placement par les municipalités et les Bourses de travail ou les syndicats, et retrait des autorisations aux placeurs.

ART. 7. — Création de *maternités* et d'asiles pour les vieillards et les invalides du travail. — Asiles de nuit et distribution de vivres pour les passagers et les ouvriers à la recherche de travail sans résidence fixe.

ART. 8. — Organisation d'un service gratuit de médecine et d'un service de pharmacie à prix réduit.

Art. 9. — Etablissement de bains et de lavoirs publics et gratuits.

Art. 10. — Création de *sanatorium* pour l'enfance ouvrière et envoi dans les *sanatorium* existants aux frais de la commune.

Art. 11. — Service de consultations judiciaires gratuites pour les litiges intéressant les ouvriers.

Art. 12.— Rétribution des fonctions municipales au taux minimum des salaires ouvriers, à l'effet de ne pas exclure de l'administration de la commune une classe entière de citoyens, la plus nombreuse, celle qui n'a que son travail pour vivre.

Art. 13. — En attendant que soit remaniée dans un sens conforme aux intérêts du travail la juridiction de la prud'hommie, rétribution des prud'hommes ouvriers à un taux qui leur assure l'indépendance absolue vis-à vis du patronat.

Art. 14. — Publication d'un bulletin municipal officiel et affichage des décisions prises par le Conseil.

PROGRAMME AGRICOLE

(Elaboré par le 10ᵉ Congrès national du
Parti, tenu à Marseille du 24 au 27 septem-
bre 1892, à l'unanimité des 718 groupes,
syndicats et conseils municipaux représentés).

ARTICLE PREMIER. — Minimum de salaire
fixé par les syndicats ouvriers agricoles et par
les conseils municipaux, tant pour les ouvriers
à la journée que pour les loués à l'année
(bouviers, valets de ferme, filles de fermes, etc.)

ART. 2. — Création de prud'hommes
agricoles ;

ART. 3. — Interdiction aux communes
d'aliéner leurs terrains communaux ; amodia-
tion par l'Etat aux communes des terrains
domaniaux, maritimes et autres actuellement
incultes ; emploi des excédents des budgets
communaux à l'agrandissement de la propriété
communale ;

ART. 4. — Attribution par la commune des terrains concédés par l'Etat, possédés ou achetés par elle, à des familles non possédantes, associées et simplement usufruitières, avec interdiction d'employer des salariés et obligation de payer une redevance au profit du budget de l'assistance communale ;

ART. 5. — Caisse de retraite agricole pour les invalides et les vieillards, alimentée par un impôt spécial sur les revenus de la grande propriété ;

ART. 6. — Achat par la commune de machines agricoles et leur location à prix de revient aux cultivateurs ; — Création d'associations de travailleurs agricoles pour l'achat d'engrais, de grains, de semences, de plants, etc., et pour la vente des produits ;

ART. 7. — Suppression des droits de mutation pour les propriétés au-dessous de 5,000 fr. ;

ART. 8. — Réduction par des commissions d'arbitrage, comme en Irlande, des baux de fermage et de métayage, et indemnité aux fermiers et aux métayers sortants pour la plus-value donnée à la propriété ;

ART. 9. — Suppression de l'article 2102 du code civil donnant aux propriétaires privilège sur la récolte et suppression de la saisie-brandon, c'est-à-dire des récoltes sur pied ; constitution pour le cultivateur d'une réserve insaisissable comprenant les instruments aratoires, les quantités de récoltes, fumiers et têtes de bétail indispensables à l'exercice de son métier ;

ART. 10. — Révision du cadastre, et, en attendant la réalisation de cette mesure générale, révision parcellaire par les communes ;

ART. 11. — Cours gratuits d'agronomie et champs d'expérimentation agricoles.

OBSERVATIONS

OBSERVATIONS

OBSERVATIONS

OBSERVATIONS

OBSERVATIONS

OBSERVATIONS

COTISATIONS

Année 189 .

JANVIER	JUILLET
FÉVRIER	AOUT
MARS	SEPTEMBRE
AVRIL	OCTOBRE
MAI	NOVEMBRE
JUIN	DÉCEMBRE

COTISATIONS

Année 189

JANVIER	JUILLET
FÉVRIER	AOUT
MARS	SEPTEMBRE
AVRIL	OCTOBRE
MAI	NOVEMBRE
JUIN	DÉCEMBRE

COTISATIONS

Année 189

JANVIER	JUILLET
FÉVRIER	AOUT
MARS	SEPTEMBRE
AVRIL	OCTOBRE
MAI	NOVEMBRE
JUIN	DÉCEMBRE

COTISATIONS

Année 189

JANVIER	JUILLET
FÉVRIER	AOUT
MARS	SEPTEMBRE
AVRIL	OCTOBRE
MAI	NOVEMBRE
JUIN	DÉCEMBRE

COTISATIONS

Année 189

JANVIER	JUILLET
FÉVRIER	AOUT
MARS	SEPTEMBRE
AVRIL	OCTOBRE
MAI	NOVEMBRE
JUIN	DÉCEMBRE

COTISATIONS

Année 189

JANVIER	JUILLET
FÉVRIER	AOUT
MARS	SEPTEMBRE
AVRIL	OCTOBRE
MAI	NOVEMBRE
JUIN	DÉCEMBRE

Bordeaux. — Imp. du Midi, P. Cassignol, P1, rue Porte-Dijeaux·

132